ATRIUM

Erich Kästner

ÜBER DAS VERBRENNEN VON BÜCHERN

Atrium Verlag · Zürich

Inhalt

Kann man Bücher verbrennen? 7
Über das Verbrennen von Büchern 13
Lesestoff, Zündstoff, Brennstoff 27
Briefe in die Röhrchenstraße 33

Chronik 43
Autorenliste der 1933 verbrannten Bücher 47
Quellen 51

Kann man Bücher verbrennen?

Zum Jubiläum einer Schandtat, 9. Mai 1947

Am 10. Mai 1933 ließ Joseph Goebbels auf öffentlichen Plätzen nationalsozialistische Kundgebungen veranstalten, bei denen die Studenten der deutschen Hochschulen Berge von Büchern verbrannten, die dem Staatsstreich gegen Freiheit, Toleranz und Intelligenz im Wege standen.

Gegen Abend fuhren Hans Wilhelm und ich mit der Stadtbahn bis zum Lehrter Bahnhof. Dann liefen wir über die große eiserne Brücke und hielten nach den angekündigten Marschkolonnen Ausschau. Hinter dem Lessingtheater kamen sie – links, zwei, drei, vier, links, zwei, drei, vier – angetrottet. Studenten in SA-Uniform zogen als Prätorianergarde voraus. An der Spitze, wo die Fahne oder der Schellenbaum hingehören, trug einer den von einer Bronzebüste heruntergeschlagenen Kopf Magnus Hirschfelds hoch auf einer Stange. Er schwenkte ihn, vor der geistigen Elite des Dritten Reichs marschierend, wie eine Kampftrophäe; und das Bild hätte nicht scheußlicher sein können, wenn Hirschfelds wirklicher, blutiger Kopf aufgespießt durch Berlin geschleppt worden wäre.

Mit Büchern vollgeladene Lastwagen schwankten zwischen den Kolonnen. Es war ein trüber, regnerischer Tag. Und trübe war, trotz Gesang und Uniform, die Stimmung der Studenten. Die Methoden der neuen Herren waren im Grunde noch nicht ganz die ihren. Dass man Bücher nicht nur lieben, sondern auch hassen kann, wussten sie. Dass man Bücher auf Kommando öffentlich verbrennt, mussten sie noch lernen.

Es war wohl allen ohne Ausnahme klar, dass sie heute der gesamten zivilisierten Welt ein unvergesslich widerwärtiges Schauspiel boten. Ein Schauspiel, das unauslöschbar in den Annalen der Menschheit eingetragen bleiben würde. Und vielleicht empfanden sie auch, dass ihr Marsch ein freiwilliger Marsch durchs kaudinische Joch war. Gerade sie hätten ja diesen Henkergang nie und nimmer antreten dürfen! Goebbels hatte eine Pöbelparole ausgegeben und ließ sie nicht von der Plebs, sondern von der Elite ausführen! Das war eine windige Teufelei, so recht nach seinem Geschmack. Mit dem heutigen Autodafé, das die Freiheit des Schriftstellers auslöschte, richteten die deutschen Studenten ihre eigenen Ansprüche auf jede künftige Meinungsfreiheit hin. Der Mord, den sie an diesem Abend begingen, war zugleich ein vordatierter Selbstmord.

Am Opernplatz formierten die Kolonnen ein großes Karree. Hans Wilhelm und ich standen an der braunen Studentenmauer, die sich auf dem Fahrdamm, parallel zur Universitätsfassade, gebildet hatte. Für den Höhepunkt der Veranstaltung aufbewahrte Pechfackeln wurden angezündet. Drüben vor den Bankpalästen, rechts von der Oper, war der Scheiterhaufen errichtet worden. Er flammte auf. Die Lastwagen rollten heran wie an eine Verladerampe. Tausende von Büchern wurden ausgekippt und von fleißigen Händen hoch im Bogen ins Feuer geworfen. Dann tauchte Goebbels auf. Er stand auf einer von Mikrophonen belagerten Estrade und gestikulierte vor dem Feuerschein wie ein Teufelchen vor der Hölle. Er zeterte, salbaderte, rief Schriftsteller bei Namen und überantwortete ihre Bücher den Flammen und dem Vergessen. Das war kein Großinquisitor, sondern ein kleiner pöbelnder Feuerwerker. Hier rächte sich ein durchgefallener Literat an der Literatur. Hier beseitigte ein durchtriebener Politiker für viele Jahre jede intellektuelle Opposition. Die List und der Witz der Geschichte war, dass die »zersetzenden Intellektbestien«, die diesen Handlangern des Untergangs im Wege waren, ausgerechnet von dem einzigen »Intellektuellen« beseitigt wurden, den sie in ihren eigenen Reihen aufzuweisen hatten. Nicht irgendein hergelaufener Raufbold und seine Meute verrieten hier den Geist, sondern ein Gundolfschüler und die akademische Jugend Deutschlands. Jahre später haben mir Studenten, die damals abends neben dem Scheiterhaufen standen, erzählt, dass sie – und nicht nur sie allein – heimlich Bände aufrafften, die vor ihren Füßen im Dreck lagen, und sie nicht ins Feuer warfen, sondern unter die Uniformjacke steckten, daheim lasen und wie Kostbarkeiten aufbewahrten. Es mag ein Zeichen dafür sein, wie schwer es ist, Bücher wirklich zu verbrennen …

Unsere Absicht, dem apokalyptischen Volksfest als gründliche Chronisten bis zum Schlusse beizuwohnen, wurde durch eine unvorhergesehene Episode vereitelt. »Dort steht ja Kästner!«, rief plötzlich eine junge Frau, die mit ihrem Freund vorüberkam. Ihre Überraschung, mich sozusagen bei meinem eigenen Begräbnis unter den Leidtragenden zu entdecken, war so groß, dass sie auch noch mit der Hand auf mich zeigte. Das war mir, muss ich bekennen, nicht angenehm. Denn kurz zuvor hatte schon jemand anders meinen Namen laut gerufen – eben jener Gundolfschüler auf seiner von Mikrophonen belagerten Estrade. Hans Wilhelm und ich musterten die SA-Studenten ringsum. Sie blickten unverwandt zu dem lodernden Flammenstoß hinüber. Trotzdem beschlossen wir zu gehen. Nach ein paar Minuten, die wir, quasi anstandshalber, noch blieben, machten wir uns auf den Heimweg.

Wir saßen dann noch im Vorgarten eines Lokals im Westen und schwiegen uns an. Was hätten wir sagen können? Der Abend hatte uns die Kehlen zugeschnürt. So einfach war es, eine Literatur auszulöschen? Mit so plumpen, gemeinen Maßnahmen konnten Bosheit und Dummheit triumphieren? So rasch gab der Geist seinen Geist auf? Wir wussten damals nicht, was heute, nach vielen entsetzlichen Jahren, die ganze Welt weiß: Mit solchen Methoden kann man zwar ein Volk vernichten, Bücher aber nicht. Sie sterben nur eines natürlichen Todes. Sie sterben, wenn ihre Zeit erfüllt ist. Man kann von ihrem Lebensfaden nicht eine Minute abschneiden, abreißen oder absengen. Bücher, das wissen wir nun, kann man nicht verbrennen.

Über das Verbrennen von Büchern

10. Mai 1953/58

Meine Damen und Herren,

seit Bücher geschrieben werden, werden Bücher verbrannt. Seit es die Erstgeburt gibt, gibt es, als Antwort, den Hass. Und weil Geist, Glauben und Kunst nicht verkauft werden können, nicht für ein Linsengericht und um keinen Preis, wird Esau zum Kain, und Jakob stirbt als Abel. Der Neid, der keinen Weg sieht, begibt sich auf den einzigen Ausweg: ins Verbrechen. Wer den Tempel der Artemis nicht bauen kann – aus gebürtigem Unvermögen, und da er ja schon in der Sonne schimmert, der ephesische Tempel –, der muss zur Fackel greifen und ihn anzünden. Aber alles verstehen heißt keineswegs: alles verzeihen! Und da die Sühne der Schuld zwar im Strafgesetzbuch folgt, nicht jedoch im Buch der Geschichte, muss künftig an die rechtzeitige Verhütung der Schuld gedacht werden. Davon ist die Rede. Davon handelt die Rede. Heute: nun auch die Naturwissenschaften moralische (oder unmoralische) Disziplinen geworden sind, ist es unangebrachter denn je, die Unmoral in Politik und Geschichte als Naturereignis hinzunehmen.

Die Geschichte des Geistes und des Glaubens ist zugleich die Geschichte des Ungeistes und des Aberglaubens. Die Geschichte der Literatur und der Kunst ist zugleich eine Geschichte des Hasses und des Neides. Die Geschichte der Freiheit ist, im gleichen Atem, die Geschichte ihrer Unterdrückung, und die Scheiterhaufen sind die historischen Schnitt- und Brennpunkte. Wenn die Intoleranz den Himmel verfinstert, zünden die Dunkelmänner die Holzstöße an und machen die Nacht zum Freudentag. Dann vollzieht sich, in Feuer und Qualm, der Geiselmord an der Literatur. Dann wird aus dem »pars pro toto« das »ars pro toto«.

Seit Bücher geschrieben werden, werden Bücher verbrannt. Dieser abscheuliche Satz hat die Gültigkeit und Unzerreißbarkeit eines Axioms. Er galt zur Zeit der römischen Soldatenkaiser und unter Kubilai Khan, bei Cromwell und für die Konquistadoren, für Savonarola, Calvin und Jacob Stuart, für die Jesuiten, die Dominikaner und die Puritaner, für China und Rom, für Frankreich, Spanien, England, Irland und Deutschland, für Petersburg, Boston und Oklahoma City. Immer wieder hatten die Flammen ihren züngelnden Wolfshunger, und immer wieder war ihnen das Beste gerade gut genug. Sie fraßen die Werke von Ovid und Properz, von Dante, Boccaccio, Marlowe, Erasmus, Luther, Pascal, Defoe, Swift, Voltaire und Rousseau. Manchmal fraßen sie den Autor oder den Drucker als Dreingabe. Oder sie leuchteten, damit der

Henker den Angeklagten umso besser die Ohren abschneiden, die rechte Hand abhacken und das Nasenbein zertrümmern konnte.

Hören Sie sich, bitte, ein paar Sätze aus einem Buch an, und versuchen Sie zu erraten, wer das und wann er es geschrieben haben könnte! »Man hat nicht nur gegen die Autoren, sondern auch gegen ihre Bücher gewütet, indem man besondere Kommissare beauftragte, die Geisteserzeugnisse der bedeutendsten Köpfe auf offnem Markte zu verbrennen. Natürlich meinte man in diesem Feuer die Stimme des Volkes, die Freiheit und das Gewissen töten zu können. Man hatte ja obendrein die großen Philosophen ausgewiesen und alle echte Kunst und Wissenschaft ins Exil getrieben, damit nirgends mehr etwas Edles und Ehrliches anklagend auftrete … Während in fünfzehn Jahren … gerade die geistig Lebendigsten durch das Wüten des Führers umkamen, sind nun wir wenigen … nicht nur die Überlebenden von anderen, sondern auch von uns selber, weil ja mitten aus unserem Leben so viele Jahre gestohlen wurden, in denen wir aus jungen zu alten Männern geworden sind, … indessen wir zur Stummheit verurteilt waren.« Das hat Tacitus nach der Schreckensherrschaft des Kaisers Domitian geschrieben, der im Jahre 96 n. Chr. ermordet wurde. Achtzehn Jahrhunderte und ein halbes sind vor diesen Sätzen vergangen wie ein Tag und wie eine Nachtwache.

Und Heinrich Heines Verse aus dem »Almansor«: »Dort, wo man die Bücher verbrennt, verbrennt man auch am Ende Menschen«, galten zwar den spanischen Autodafés und wurden dennoch zur Prophezeiung.

Das blutige Rot der Scheiterhaufen ist immergrün.

*

Einen dieser Scheiterhaufen haben wir, mit bloßem Auge, brennen sehen. Das war auf den Tag genau vor einem Vierteljahrhundert, und deswegen haben wir uns heute versammelt. Es gibt Andachtsübungen, und wie es Andachtsübungen gibt, sollte es, nicht weniger ernsthaft und folgenschwer, Gedächtnis-Übungen geben. Meine Damen und Herren, wir sind zu einer Gedächtnis-Übung zusammengekommen.

Politik ist von uns selber erlebte Geschichte, und in prägnanten Augenblicken empfinden wir dies nicht weniger, als es Goethe vor Valmy empfand. Als am 10. Mai 1933 die deutschen Studenten in allen Universitätsstädten unsere Bücher tonnenweise ins Feuer warfen, spürten wir: Hier vollzieht sich Politik, und hier ereignet sich Geschichte. Die Flammen dieser politischen Brandstiftung würden sich nicht löschen lassen. Sie würden weiterzüngeln, um sich fressen, auflodern und Deutschland, wenn nicht ganz Europa in verbrannte Erde verwandeln. Es würde so kommen und kam so. Es lag in der Unnatur der Sache.

Sie machten sich viel mit Fackeln und Feuer zu schaffen, jene Pyrotechniker der Macht. Es begann mit dem brennenden Reichstag und endete in der brennenden Reichskanzlei. Es begann mit Fackelzügen und endete mit Feuerbestattung. Zwischen dem Reichstagsbrand und der Bücherverbrennung, also zwischen dem 27. Februar und dem 10. Mai 1933, arbeiteten sie freilich ohne Streichhölzer und ohne Benzin. Sie sparten Pech und Schwefel. Es ging auch so. Der Feldmarschall und Reichspräsident kapitulierte in der Potsdamer Garnisonkirche. Das geschah am 21. März. Zwei Tage später kapitulierten, mit Ausnahme der Sozialdemokratie, die Parteien in der Krolloper. Eine Woche später wurden die Länder »gleichgeschaltet«. Am 1. April wurde der Judenboykott inszeniert. Es war eine missglückte Inszenierung, und man setzte das blutige Stück vorübergehend vom Spielplan ab. Am 7. April wurden die Gauleiter als Reichsstatthalter herausstaffiert. Am 2. Mai wurden die Gewerkschaften aufgelöst. Zwei Monate hatte man mit der seidnen Schnur gewinkt, und es ging wie am seidnen Schnürchen. Am 10. Mai aber brauchte man wieder Feuer. Für die Bücher.

*

Der kleine Hinkende Teufel, nicht der von Le Sage, sondern der aus Rheydt im Rheinland, dieser missratene Mensch und missglückte Schriftsteller, hatte das Autodafé fehlerlos organisiert. Eine Münchner Zeitung schrieb am 5. Mai: »Die Hinrichtung des Ungeistes wird sich zur selben Stunde in allen Hochschulstädten Deutschlands vollziehen. In einer großen Staffelreportage zwischen 11 und 12 Uhr nachts wird gleichzeitig der Deutschlandsender ihren Verlauf aus sechs Städten, darunter auch München, mitteilen. Schon einmal weihten deutsche Burschen öffentlich vor allem Volk einen Haufen Bücher dem Feuer. Das war vor nunmehr hundert Jahren auf der Wartburg, und die achtundzwanzig Schriften, die der Zorn der Flammen damals ergriff, … waren Werke des Muckertums, der Knechtsgesinnung, von Bütteln, Spießern und Dreigroschenseelen im Sold der Herrschenden hingesudelt … Und heute steht abermals das Gericht über sie auf, und abermals schichtet der deutsche Bursch ihnen das Feuer der Vernichtung.«

Die Parallele zum Wartburgfest anno 1817 zu ziehen, zur Verbrennung einiger preußischer Polizeivorschriften sowie etlicher Bände von Kotzebue und eines Autors namens Schmalz, der Vergleich eines Ulks mit der Verbrennung nicht des »deutschen Ungeistes«, sondern des deutschen Geistes, das war eine Frechheit ohne Beispiel. »Die Lüge hat ein kurzes Bein«, hieß es schon damals. Was hatten denn die Bücher von Heinrich und Thomas Mann, von Döblin und Leonhard Frank, von Werfel und Wassermann, von Brecht und Renn, von Alfred Neumann und Polgar, von Stefan

Zweig und Lernet-Holenia, von Heuss und Rathenau, von Sigmund Freud und Lindsay, die Übersetzungen der Bücher von Sinclair, Barbusse und Gorki, von Wells, Jack London, Dos Passos, Hašek, Hemingway und James Joyce mit Muckertum und Knechtsgesinnung und gar mit preußischen Polizeivorschriften zu tun? Die Zahl der Autoren, deren Bücher verbrannt wurden, geht in die Hunderte. Einige dieser Schriftsteller sitzen heute unter uns. Wir waren Spießer und Dreigroschenseelen?

Der Lügner wusste, wie infam er log. Er nahm sich nicht einmal die Mühe, seinen Hass und Neid gescheiter zu artikulieren, und er hatte recht. Denn »der deutsche Bursch schichtete das Feuer der Vernichtung«, wie es so schön hieß, sowieso. In der Münchner Zeitung vom 5. Mai 1933 steht weiter: »Es mag einen tüchtigen Stoß geben, denn nicht nur die Studenten sind aufgefordert worden, ihre Bücherschränke zu sichten, sondern an die ganze Bevölkerung ging der Ruf, und vor allem aus den Leih- und Volksbüchereien erwartet man kräftigen Zuzug. Und darum stehen heute schon Lastwagen bei der Studentenschaft gerüstet, und sie hat sich für das Werk der Zerstörung sogar schon mit einer pyrotechnischen Firma in Verbindung gesetzt. Am Nachmittag soll der Stapel schon aufgebaut werden. Eine gute Stunde lang dürften die Flammen wohl Nahrung finden.« Eine gute Stunde lang! Es war für Deutschland und die Welt keine gute Stunde.

Die Feuer brannten. Auf dem Opernplatz in Berlin. Auf dem Königsplatz in München. Auf dem Schlossplatz in Breslau. Vor der Bismarcksäule in Dresden. Auf dem Römerberg in Frankfurt. Sie loderten in jeder deutschen Universitätsstadt. Die Studenten hielten in brauner Uniform die Ehrenwache. Die Sturmriemen unterm akademischen Kinn. In Berlin hatten sie sich vor der Universität und der Bibliothek aufgebaut, sahen zum Scheiterhaufen hinüber und kehrten ihrer »Alma mater« den Rücken. Und den Standbildern der Brüder Humboldt am Haupttor. Sie blickten zackig geradeaus, die Studenten. Hinüber zum Brandmal, wo der kleine »Teufel aus der Schachtel« schrie und gestikulierte und wo die Kommilitonen die Bücher zentnerweise ins Feuer schippten. Meine Damen und Herren, ich habe Gefährlicheres erlebt, Tödlicheres – aber Gemeineres nicht!

»Ein Revolutionär muss alles können!«, brüllte der personifizierte Minderwertigkeitskomplex aus Rheydt. »Er muss ebenso groß sein im Niederreißen der Unwerte wie im Aufbau der Werte.« Und die Frankfurter Zeitung vom 11. Mai berichtet: »Niemals, so meinte er, hätten junge Männer so wie jetzt das Recht, mit Ulrich von Hutten auszurufen: ›O Jahrhundert, o Wissenschaften! Es ist eine Lust zu leben!‹«

*

Was hatte, vom abscheulichen Schauspiel abgesehen, an diesem Abend stattgefunden? Hatte, diesmal auch, der dämonische Gefreite und Obdachlose aus Braunau am Inn gebrüllt? Nein. Hatten seine Marodeure und sein Pöbel die Bücher ins Feuer geworfen? Nein. Viel Schrecklicheres, etwas Unausdenkbares war geschehen: Ein Doktor der Philosophie, ein Schüler Gundolfs, hatte die deutschen Studenten aufgefordert, höchstselbst den deutschen Geist zu verbrennen. Es war Mord und Selbstmord in einem. Das geistige Deutschland brachte sich und den deutschen Geist um, und der Arrangeur, auch und gerade er, war, wie er das zu formulieren pflegte, ein Arbeiter der »Stirn«. Es war nicht nur Mord und nicht nur Selbstmord, es war Mord als Inzest, es war, mathematisch gesagt, Massenmord und Selbstmord hoch drei.

Nun blieb zu tun nichts mehr übrig. Dieses »Nichts nichtete« dann, im November des gleichen Jahres, in seiner Rektoratsrede vor den Freiburger Studenten, »der größte deutsche Philosoph unseres Jahrhundert«, auch er der Schüler eines jüdischen Gelehrten, als er sagte: »Nicht Lehrsätze und ›Ideen‹ seien die Regeln eures Seins. Der Führer selbst und allein ist die heutige und künftige Wirklichkeit und ihr Gesetz.« Ob der bedeutende Mann, als er »euer Sein« sagte, Sein mit i oder mit y ausgesprochen hat, weiß ich nicht. Möge er der größte Philosoph unseres glorreichen Jahrhunderts sein oder seyn und bleiben! Ich glaube und hoffe, dass ihm, eines Tages im Pantheon, Sokrates und Seneca, Spinoza und Kant nicht die Hand geben werden.

An dieser Stelle möchte ich einem anderen Philosophen meine ehrliche Bewunderung und Verehrung zollen: Eduard Spranger, einem meiner Leipziger Lehrer, das wird er nicht mehr wissen, unserm P.E.N.-Mitglied und, das wissen wir alle, einem aufrechten Mann. Er trat demonstrativ von seiner Berliner Professur zurück und begründete diesen Rücktritt sogar vor einer Pressekonferenz. Auch Alfred Webers, des eben verstorbenen Nestors unseres P.E.N.-Zentrums, dürfen wir an dieser Stelle, trauernd und respektvoll, gedenken.

Doch das Ehrgefühl und der Widerstand im Detail nützten nichts. Auch die Selbstmorde und die Emigration von Professoren konnten nichts helfen. Der inzestuöse, der perverse Coup war geglückt. Man hatte sich an sich selber verraten. Der neue Judas hatte etwas Unmögliches zuwege gebracht: Er hatte, vor den Augen der Menge und der ausgesandten Häscher, sich selbst geküsst.

*

Meine Damen und Herren, eine Gedenkstunde soll eine Gedächtnis-Übung sein, und noch etwas mehr. Was hülfe es, wenn sie nur der Erinnerung an arge Zeiten diente, nicht aber der Erinnerung an unser eignes Verhalten? Das heißt, hier und jetzt, für mich nicht mehr und nicht weniger: an mein Verhalten? Ich bin nur ein Beispiel neben anderen Beispielen. Doch da ich mich etwas besser als andere kenne, muss in meiner Rede nun ein wenig von mir die Rede sein.

Ich habe mich damals schon und seitdem manches Mal gefragt: »Warum hast du, am 10. Mai 1933 auf dem Opernplatz in Berlin, nicht widersprochen? Hättest du, als der abgefeimte Kerl eure und auch deinen Namen in die Mikrophone brüllte, nicht zurückschreien sollen?« Dass ich dann heute nicht hier stünde, darum geht es jetzt nicht. Nicht einmal, dass es zwecklos gewesen wäre, steht zur Debatte. Helden und Märtyrer stellen solche Fragen nicht. Als wir Carl von Ossietzky baten, bei Nacht und Nebel über die Grenze zu gehen – es war alles vorbereitet –, sagte er nach kurzem Nachdenken: »Es ist für sie unbequemer, wenn ich bleibe«, und er blieb. Als man den Schauspieler Hans Otto, meinen Klassenkameraden, in der Prinz-Albrecht-Straße schon halb totgeschlagen hatte, sagte er, bevor ihn die Mörder aus dem Fenster in den Hof warfen, blutüberströmten Gesichts: »Das ist meine schönste Rolle.« Er war, nicht nur auf der Bühne am Gendarmenmarkt, der jugendliche Held. Gedenken wir dieser beiden Männer in Ehrfurcht! Und fragen wir uns, ob wir es ihnen gleichgetan hätten!

Als ich in jener Zeit, anlässlich der Amateurboxmeisterschaften, im Berliner Sportpalast saß und als

zu meiner Überraschung bei jeder Siegerehrung die
Besucher aufstanden, den Arm hoben und die beiden Lieder sangen, blieb ich als Einziger sitzen und
schwieg. Hunderte schauten mich drohend und lau-
ernd an. Nach jedem Boxkampf wurde das Interesse
an mir größer. Trotzdem lief dieses Nebengefecht des
Abends, zwischen dem Sportpalast und mir, glimpf-
lich ab. Es endete unentschieden. Was ich getan, ge-
nauer, was ich nicht getan hatte, war beileibe keine
Heldentat gewesen. Ich hatte mich nur geekelt. Ich
war nur passiv geblieben. Auch damals und sogar
damals, als unsere Bücher brannten. Ich hatte ange-
sichts des Scheiterhaufens nicht aufgeschrien. Ich
hatte nicht mit der Faust gedroht. Ich hatte sie nur in
der Tasche geballt. Warum erzähle ich das? Warum
mische ich mich unter die Bekenner? Weil, immer
wenn von der Vergangenheit gesprochen wird, auch
von der Zukunft die Rede ist. Weil keiner unter uns
und überhaupt niemand die Mutfrage beantworten
kann, bevor die Zumutung an ihn herantritt. Keiner
weiß, ob er aus dem Stoffe gemacht ist, aus dem der
entscheidende Augenblick Helden formt. Kein Volk
und keine Elite darf die Hände in den Schoß legen
und darauf hoffen, dass im Ernstfall, im ernstesten
Falle, genügend Helden zur Stelle sein werden.

Und auch wenn sie sich zu Worte und zur Tat mel-
deten, die Einzelhelden zu Tausenden – sie kämen zu
spät. Im modernen undemokratischen Staat wird der

Held zum Anachronismus. Der Held ohne Mikrophone und ohne Zeitungsecho wird zum tragischen Hanswurst. Seine menschliche Größe, so unbezweifelbar sie sein mag, hat keine politischen Folgen. Er wird zum Märtyrer. Er stirbt offiziell an Lungenentzündung. Er wird zur namenlosen Todesanzeige.

*

Die Ereignisse von 1933 bis 1945 hätten spätestens 1928 bekämpft werden müssen. Später war es zu spät. Man darf nicht warten, bis der Freiheitskampf Landesverrat genannt wird. Man darf nicht warten, bis aus dem Schneeball eine Lawine geworden ist. Man muss den rollenden Schneeball zertreten. Die Lawine hält keiner mehr auf. Sie ruht erst, wenn sie alles unter sich begraben hat.

Das ist die Lehre, das ist das Fazit dessen, was uns 1933 widerfuhr. Das ist der Schluss, den wir aus unseren Erfahrungen ziehen müssen, und es ist der Schluss meiner Rede. Drohende Diktaturen lassen sich nur bekämpfen, ehe sie die Macht übernommen haben. Es ist eine Angelegenheit des Terminkalenders, nicht des Heroismus. Als Ovid sein »Principiis obsta!« niederschrieb, als er ausrief: »Bekämpfe den Beginn!«, dachte er an freundlichere Gegenstände. Und auch als er fortfuhr: »Sero medicina paratur!«, also etwa »Später helfen keine Salben!«, dachte er nicht an Politik und Diktatur. Trotzdem gilt seine Mahnung in jedem und auch in unserem Falle. Trotzdem gilt sie auch hier und heute. Trotzdem gilt sie immer und überall.

Meine Damen und Herren, ich danke Ihnen für Ihre Aufmerksamkeit.

Lesestoff, Zündstoff, Brennstoff
3. Oktober 1965

Anfang Oktober hat in Düsseldorf eine Jugendgruppe des »Bundes Entschiedener Christen«, wohlversehen mit Gitarrenbegleitung, einem evangelischen Pressefotografen und zwei etwa dreißigjährigen Diakonissinnen, am Ufer des Rheins Bücher verbrannt. Unter Absingung frommer Lieder. Mit Genehmigung des Amtes für öffentliche Ordnung. Und, wie dergleichen zu geschehen pflegt: spontan.

Die jungen Protestanten hatten ihren spontanen Entschluss bei besagtem Amte vier Wochen vorher angemeldet, und die Polizei hatte das Autodafé erlaubt. Wegen des feuergefährlichen Funkenflugs allerdings nicht auf dem im Gesuch erwähnten Karlplatz, sondern am Rheinufer. Hier wurden dann also, neben Schundheften, Bücher von Camus, der Sagan, von Nabokov, Günter Grass und mir mit Benzin begossen und angezündet.

Die Schundhefte waren jugendliches Eigentum. Den literarischen Teil des Zündstoffs hatte man aus den Regalen von Eltern und entfernteren Verwandten entfernt, beizeiten ins Jugendheim gebracht und dort in Pappkartons deponiert gehabt. Spontaneität ist seit alters ein schönes Vorrecht der Jungen.

Die in- und ausländische Presse griff das Ereignis sofort auf. Und als ich, eine Woche danach, wegen einer seit Monaten anberaumten Vorlesung, in Düsseldorf eintraf, erschien ich, trotz des Zufalls, wie aufs Stichwort. Die Evangelische Landeskirche hatte sich distanziert. Die Zeitungen brachten Leserbriefe, Glossen und Reportagen. Und was taten die kleinen Brandstifter? Sie waren verblüfft. Sie wiesen jede Anspielung auf die Bücherverbrennung vom 10. Mai 1933 entrüstet von sich. In einer ihrer Bibelstunden war von einem Briefe des Apostels Paulus an die Epheser die Rede gewesen und von der Verbrennung heidnischer Zauberbücher. Nicht Goebbels, sondern Paulus hatte sie inspiriert. Sie kannten nicht die deutsche, sondern die Apostelgeschichte.

Mich verdross diese Unbildung. Mich verdross der bewiesene »Feuereifer«. Mich verdross noch mehr, dass, nach wie vor, von einer spontanen Aktion die Rede war. Denn junge Christen, welcher Konfession auch immer, sollten nicht frecher lügen als andere junge Leute. Und am meisten verdross mich die Schweigsamkeit der städtischen Behörden. Denn dass das Amt für öffentliche Ordnung einen bedenklichen Fehler gemacht hatte, als es nur an den Funkenflug auf dem Karlplatz dachte, nicht aber an brennendere Probleme, musste dem Rathaus längst klargeworden sein.

Das Rathaus, das war der Oberbürgermeister. Und der Oberbürgermeister war, wie ich hörte, ein aufrechter Sozialdemokrat. Warum schwieg er so gründlich? Warum erteilte er dem ihm unterstellten öffentlichen Amt keinen öffentlichen Verweis? Lore und Kay Lorentz vom Kabarett »Kom(m)ödchen« vermittelten eine Unterhaltung. Ein Schriftsteller würde das Oberhaupt Düsseldorfs fragen können, warum man eine solche »Affäre« auf sich beruhen ließ.

Im Amtszimmer wurden Kaffee und Zigaretten serviert. Reporter blitzten Fotos für die Morgenblätter. Bilder mit gemütlichen Unterschriften standen bevor. Handelte es sich hier um Kommunaldiplomatie oder um ein Missverständnis? In jedem Fall verdarb ich die Stimmung, als ich mich angelegentlich erkundigte, wem es oblegen und wer es somit versäumt habe, die Ärgernisse der vergangenen Woche offiziell zu verurteilen. Der Oberbürgermeister wollte das joviale Kaffeestündchen retten. Ich blieb neugierig. Wir verdarben einander das Konzept. Das Ganze, so sagte er, sei ein Dummerjungenstreich gewesen, den man nicht hochspielen solle, und das Amt für öffentliche Ordnung habe korrekt gehandelt. Diese Instanz müsse sich um den Funkenflug kümmern. Das habe sie getan. Den literarischen Wert oder Unwert des Brennmaterials zu beurteilen, sei nicht ihres Amtes.

Und obwohl nun das Ehepaar Lorentz von anonymen Drohbriefen erzählte, die es, wegen seines

Kabarettprogramms, laufend erhalte; obwohl die am Kaffeetisch sitzenden Journalisten berichteten, dass soeben auf dem Kongress des »Christlichen Vereins Junger Männer« die Bücherverbrennung von fast 200 deutschen Delegierten begrüßt worden war; obwohl auf Ludwig Erhards hilflosen Jähzorn die Rede kam, mit dem er die intellektuellen »Pinscher« traktiert hatte, und auch als diese und andere Peinlichkeiten in politischen Zusammenhang gebracht wurden – noch dann beharrte der Oberbürgermeister auf seinem Standpunkt. Er ärgerte sich immer offensichtlicher über die Taktlosigkeit seiner Gäste. So durfte man mit einem Hausherrn nicht umspringen! Ich empfahl mich, und der Abschied fiel uns leicht.

Zu Beginn meiner Vorlesung am gleichen Abend berichtete ich dem Publikum kurz von dem missglückten Besuch. Das war nicht höflich? Es war notwendig. Jedermann hat das Recht, Literatur, die er missbilligt, im Ofen oder auf dem Hinterhof zu verbrennen. Aber ein öffentliches Feuerwerk veranstalten, das darf er nicht. Auch nicht, wenn er ein entschiedener Christ ist. Auch nicht, wenn es die Polizei erlaubt. Auch nicht, wenn der Oberbürgermeister nichts dabei findet. Und nicht einmal, wenn der Oberbürgermeister Sozialdemokrat ist.

Mehrere Wochen später: Neuigkeiten aus Düsseldorf. Auf der Bundestagung der »Entschiedenen Christen« wurde die Bücherverbrennung lebhaft gebilligt! Daraufhin erklärte der Oberbürgermeister während einer Sitzung des Magistrats, dass er, nun doch, das Feuerwerk am Rheinufer verurteile. Und dass es nötig sein werde, dem Amt für öffentliche Ordnung Weisungen zu erteilen, die sich nicht nur auf den Funkenflug bezögen.

Diese zwei bis drei Neuigkeiten standen, außer vielleicht in Düsseldorf, nicht in der Zeitung. Ich erfuhr sie, brieflich, durch einen Bekannten, der dort wohnt. Anfang Oktober hatte sich die öffentliche Meinung an den brennenden Büchern entzündet. Und was ist nun? Der Oberbürgermeister hat seinen Fehler korrigiert, und die spontanen Christen haben ihre Schuld verdoppelt. Aber es hat sich nicht herumgesprochen.

Briefe in die Röhrchenstraße

5. August 1946

Am 24. Oktober 1933 verschickte der in Witten an der Ruhr, Röhrchenstraße 10, beheimatete Verlagsdirektor Gustav Christian Rassy ein Rundschreiben. Er bat bekannte Schriftsteller um gefällige Rückäußerung zu dem im Ausland kursierenden frechen Gerücht, dass im Neuen Deutschland die Freiheit des Geistes erschlagen worden sei und die Dichter, wenn auch nur bildlich gesprochen, mit einem Maulkorb herumliefen. Eine Woche später lagen die Antworten auf seinem Schreibtisch. Dieser Tage hat mir ein Leser ein halbes Dutzend dieser Antwortbriefe zur Verfügung gestellt. Es handelt sich um die Originalschreiben mit den authentischen Namenszügen.

»Die Ketten fallen!«, heißt es da zum Beispiel. »Wir dürfen wieder frei reden, der Druck ist von uns genommen, die deutsche Seele ist wieder zur freien Entfaltung gekommen! … Wenn ich in der Großstadt Ahnenkunde vortrug oder meine kleinen lächelnden Geschichten von 1919, so fiel die Linkspresse über mich her, ich war unmöglich geworden. Heute ist meine Familien- und Erbkunde Reichssache geworden. Mit neun Worten: Wir dürfen wieder reden und schreiben, wie es uns ums Herz ist! So ist's im Dritten Reich! … Können Sie den ›Vogel Rock‹ nicht irgendwo zum Zeitungsabdruck bringen? In Stuttgart hat er als ›neu‹ riesig eingeschlagen, er ist zehn Jahre alt! Mein Verleger unterdrückte ihn. Und mich bis heute. Heil Hitler! Ihr *Ludwig Finkh*.«

Mit neun Worten: Da dreht sich einem der Magen um. Schriftsteller von Weltruf hatten aus ihrem Vaterland fliehen müssen. Andere saßen im Kerker und wurden totgeschlagen. Andere lebten, von allen Seiten bespitzelt, unterm Schwert oder hielten sich, das Äußerste befürchtend, versteckt. Berge von Büchern waren auf Scheiterhaufen verbrannt worden. Und Herr Doktor Finkh erklärte frohen Mutes, weil seine Bücher nun nicht mehr kritisiert werden durften und vom Verleger, auch wenn keine Nachfrage vorlag, nachgedruckt werden mussten, endlich sei die Freiheit des Geistes in Deutschland ausgebrochen!

Diese Spätbarden hatten Nerven! Und heute, nun sie mit Hilfe ihrer Freiheitslieder die Heimat in Grund und Boden gesungen haben, sitzen die damals Verfolgten beisammen und befragen ihr Gewissen, ob es wohl überhaupt und wie weit es richtig und gerecht sei, immerhin die schlimmsten Bücher der ärgsten jener Seelentrompeter zu verbieten! Man fühlt sich versucht, dem eigenen Gewissen ein paar Maulschellen anzutragen. Jene am leiblichen, am seelischen und am Berufstod so vieler Schriftsteller schuldigen Männer sind es nicht wert, dass man sich ihretwegen den Kopf und das Gewissen zerbricht.

*

Bevor ich in der Betrachtung der Briefe an Herrn Rassy aus Witten in der Röhrchenstraße 10 fortfahre, will ich ein kleines, nettes Berufsabenteuer aus dem Jahre 1933 zum Besten geben. Der Schutzverband deutscher Schriftsteller war aufgelöst und der RDS, ein entsprechender Reichsverband, war gegründet worden. Im Frühsommer galt es, den Vorstand der Organisation zu wählen. Der erste Versuch misslang, da sich die konservativen und die braunen Autoren rettungslos in die Haare gerieten. Ein neuer Termin wurde anberaumt. Erneut lud man zur Vorstandswahl im »Haus der Presse« am Berliner Tiergarten ein. Und eine der Einladungen erging auch an den Schriftsteller Erich Kästner, dessen Bücher verboten und am Opernplatz feierlich verbrannt worden waren. Ich besah mir den Brief von allen Seiten. Was konnte das heißen? Wollte man den einzigen »Verbrannten«, der nicht emigriert war, besonders ehren? Ich war Mitglied des Hauptvorstands des aufgelösten Schutzverbands gewesen. Hatte sich eine unerfahrene Sekretärin in der Kartei vergriffen? War es ein dummer Witz? Ich weiß heute noch nicht, welchem

Anlass ich die Einladung zu verdanken hatte. Nun, ich bin ein höflicher Mensch. Ich ging hin.

Als ich den Sitzungssaal betrat, mich, hübsch für mich allein, an ein Tischchen setzte, mir ein Bier bestellte und mich dann umschaute, sah ich, das kann ich getrost sagen, ziemlich viele entgeisterte Gesichter auf mich gerichtet. Die »neuen Herren« in SA-Uniform, die als Majorität einen Riesentisch umsäumten, erkundigten sich bei nichtuniformierten, dienstälteren Kollegen, wer der Fremdling sei. Mein Name schwirrte in allen Flüsterstärken durch den Saal. Ich durfte mich als Erster in die Anwesenheitsliste eintragen, und mein Autogramm wurde an diesem Abend, während die Liste kursierte, so gründlich bestaunt wie nie vorher oder nachher.

Genug davon und zurück zur Vorstandswahl. *Fedor von Zobeltitz*, ein Kavalier alter Schule, präsidierte. Die Deutschnationalen brachten einen Wahlvorschlag ein, der ihre Mitgliederzahl im Wahlvorstand angemessen berücksichtigte. Vertreter des Parteitischs lehnten den Vorschlag brüsk ab und legten den ihrigen vor. Mit nicht gerade zarten Hinweisen darauf, dass er unumstößlich sei. Freiherr *von Grote* erhob sich und forderte energisch demokratische Methoden. *Wulf Bley, Hadamowsi* und die anderen totalitären Poeten widersprachen ausgesprochen laut. Der alte Herr von Zobeltitz versuchte wie ein Obersthofmeister zu vermitteln. Die Sänger der Saalschlachten wurden noch lebhafter. Einer von ihnen wies beleidigt darauf hin, dass man ja großzügigerweise zwei Vertreter der Reaktion auf die braune Liste gesetzt habe, *Hanns Martin Elster* und *Edgar von Schmidt-Pauli*. Nun wurde die Debatte noch unterhaltender. Sprecher der Konservativen verbaten es sich ganz entschieden, zwei Verräter ihrer Idee, zwei solche Überläufer, als ihre Vertreter bezeichnet zu hören. Elster habe in der Systemzeit seine Orden nicht getragen. Und gegen Schmidt-Pauli fielen noch härtere Vorwürfe. Es waren Worte darunter, die man sich nicht an den Hut zu stecken pflegt. Zobeltitz bat um Ruhe. Herr von Schmidt-Pauli lächelte verkniffen. Einer aus der deutschnationalen Gruppe sprang hoch, provozierte ihn fleißig weiter und schrie, als aber auch gar nichts helfen wollte, außer sich vor Empörung und Schneidigkeit: »Ich stehe Ihnen zur Verfügung!« Zobeltitz flehte um Ruhe. Die SA-Männer lachten rau und herzlich. Schmidt-Pauli erklärte, er pflege sich nur zu duellieren, wenn es ihm passe. Die Gruppe Grote stand im Chor auf und war überhaupt außer sich über so viel Bosheit und so wenig Kinderstube. Es hagelte Beleidigungen. Zobeltitz schien, nach seinen Mundbewegungen zu urteilen, um Ruhe zu bitten. Die Hölle war los. Als die Konservativen heiser wurden, brüllte Bley, die Geduld seiner Parteigenossen sei nun zu Ende. Und die Geduld des Doktor Goebbels gleicherweise. Ihre Vorstandsliste sei ohne jede Änderung zu genehmigen. Und zwar binnen der nächsten zehn Minuten. Widrigenfalls würden sie die Sitzung in corpore verlassen und dem Minister sofort Meldung machen. Dieser habe ihnen erklärt, dass er bei Ablehnung ihrer Liste rundweg eine Verbandsbildung überhaupt verbieten werde.

Die Deutschnationalen schwiegen betroffen. Die SA-Dichter legten die Uhren auf den Tisch. Walter Bloem, der an einem Tisch in meiner Nähe saß, röteten sich die studentischen Schmissnarben. Sein Nachbar, der Arbeiterdichter a. D. *Max Barthel,* der damals sein Glück als nationalsozialistischer Poet zu versuchen begann, trank mir heimlich grinsend zu und, wohl weil er sich noch immer als Arbeiter fühlte, gleich aus der Flasche. Er schien verwundert, dass ich ihn für Luft hielt. Zobeltitz ersuchte die Pegasus-SA um einen parlamentarischen, freiheitlichen Fortgang der Sitzung und der Wahl. Einer von ihnen blickte gelangweilt auf die Uhr und sagte knapp: »Noch fünf Minuten.« – Nach Ablauf der Frist war die Liste akzeptiert. Die Gegner unterlagen der Drohung, der Erpressung, der Gewalt und machten erstaunte Kinderaugen.

Auf dem Heimweg überlegte ich mir genau, ob auch nur einmal Worte wie »Literatur«, »Dichtung«, »Schriftstellerei« oder etwas Ähnliches am Rande erwähnt worden waren. Nein, nicht ein einziges Mal. Für einen Uneingeweihten hätte es ebenso gut eine

Sitzung des Braunkohlensyndikats oder der Schnürsenkelkleinverteiler sein können. Irgendeine beliebige Sitzung zur Knebelung nichtnationalsozialistischer Verbandsmitglieder.

*

Ein halbes Jahr später schrieb *Paul Oskar Höcker* an Herrn Rassy in Witten, Röhrchenstraße 10: »Ich kann Ihnen nur aus ehrlicher Überzeugung darin beipflichten, dass es zu den unerhörtesten Gräuelmärchen gehört, wenn im Ausland behauptet wird: die geistige Freiheit wäre in Deutschland erschlagen worden und die Dichter liefen alle mit dem Maulkorb herum. Wer irgendwelche persönlichen Beziehungen zu deutschen Schriftstellern unterhält, wird längst über diese hetzerischen Lügen aufgeklärt worden sein.«

Der Arzt und Nibelunge Professor Dr. med. et phil. *Werner Jansen* erklärte scheinbar verblüfft: »Gibt es wirklich im Ausland Narren, die Deutschland so falsch sehen? Wir sind das einzige Volk der Welt, dem die Freiheit gegeben wurde, zu sich selbst zu kommen. Wir haben, gottlob, noch genügend preußische Zucht in uns, um uns dieser Freiheit zu bedienen. Heil Hitler!« Der zarte Poet *Max Jungnickel* meinte entrüstet: »Wo nehmen nur die sogenannten ›Emigranten‹ den Mut her?! … Wenn sie nur ahnten, wie heute die deutsche Seele befreit aufatmet, wenn sie nur wüssten, wie erledigt und vergessen sie heute schon sind!«

Und *Hanns Johst* durfte natürlich auch nicht fehlen. Er schrieb: »Das Ausland arbeitet in seiner Gräuelpropaganda mit dem Schlagwort des Maulkorbes für Geistige im Dritten Reich. Die Tatsache dieser Verdächtigungen genügt als Feststellung; denn was aus diesen Quellen kommt, ist immer Lüge? ... Für die Freiheit des geistigen Deutschland garantiert das Niveau der Deutschen Akademie der Dichtung.«

So gingen damals die Hüter des Worts mit Worten wie Freiheit, Geist, Dichtung, Ehrlichkeit und deutsche Seele um. Solche Lügner waren sie geworden. Und heute will's keiner gewesen sein! Es war schon schlimm genug, dass sie der Knebelung und Vergewaltigung der deutschen Literatur stumm und fromm zusahen. Dass sie aber diese äußerste Sklaverei gar noch als Freiheit des Geistes priesen und besangen, das ist ein geradezu unfasslicher, das ist der niederträchtigste Verrat an ihrer Aufgabe, der sich ausdenken lässt. Es ist kein Wunder, dass die braune Parteibürokratie diesen Leuten das Einzige entgegenbrachte, was sie verdienten: Verachtung.

Als ich, etwa ein Jahr später, Ende 1934, mit dem damaligen stellvertretenden Präsidenten der Reichsschrifttumskammer, einem Doktor Wißmann, zu sprechen hatte und ihm sagen musste, dass wir uns unter anderem vielleicht auch deswegen so überhaupt nicht verstünden, weil er kein Fachmann sei, und ich mich deshalb etwas lieber statt mit ihm mit seinem Vorgesetzten, dem Präsidenten *Hans Friedrich Blunck*, unterhalten wolle, der doch wenigstens ein Berufskollege von mir sei, erwiderte Wißmann, höhnisch lächelnd und vor Zeugen: »Blunck hat gar nichts zu sagen!«

So viel galten die deutschen Dichter und Freiheitssänger damals im eigenen Haus und bei ihrer eigenen Partei. Sie galten so viel, wie sie wert waren.

Chronik

1929

Der NS-»Kampfbund für deutsche Kultur« (KfdK) tritt an die Öffentlichkeit und formuliert »völkische« und rassische Ideen, nach denen der »Aufbau eines neuen deutschen Kulturlebens« gefordert wird.

30. Januar 1933

Adolf Hitler wird von Reichspräsident Paul von Hindenburg als Reichskanzler vereidigt.

13. März 1933

Joseph Goebbels wird zum Reichsminister für Volksaufklärung und Propaganda ernannt; Hauptaufgabe seines neuen Ministeriums ist die Kontrolle des geistig-kulturellen Lebens in Deutschland und die »Gleichschaltung« von Kunst, Kultur, Presse, Bildung und Erziehung mit der NS-Ideologie und -Weltanschauung.

23./24. März 1933

Erlass des »Ermächtigungsgesetzes«, das die formalrechtlichen Möglichkeiten beinhaltet, Schriftsteller, die im Exil weiterhin im antifaschistischen Sinne wirken, mit Ausbürgerungen und Einziehung ihres – erreichbaren – Eigentums (Gesetz vom 14. 7. 1933) in ihrer Existenz zu bedrohen bzw. in ihrem Wirken einzuschränken

März 1933
Als erste Schriftstellerorganisation fällt der »Schutzverband Deutscher Schriftsteller« (SDS) an die Nazis.

Anfang April 1933
Die »Deutsche Studentenschaft« (DSt) fordert dazu auf, sich an einer vierwöchigen »Aktion wider den undeutschen Geist« zu beteiligen, die am 12. April beginnt und an deren Ende am 10. Mai die öffentlichen Bücherverbrennungen stehen sollen.

12. April 1933
Veröffentlichung der »12 Thesen wider den undeutschen Geist«, in denen die Positionen und Ziele der »Aktion« zusammengefasst werden und die die jüdischen, sozialdemokratischen und liberalen Ideen und ihre Vertreter anprangern.

Der Börsenverein der Deutschen Buchhändler beschließt ein zehn Punkte umfassendes »Sofortprogramm«, das eine Solidarisierung mit dem NS-Staat enthält.

19. April 1933
Professorenboykott: Aufruf der DSt-Führung, regimekritische und jüdische Hochschullehrer zu melden

26. April 1933
Beginn der Sammlung »zersetzenden Schrifttums«: Studenten, Bibliotheken, Buchhandlungen sollen entsprechende Bücher abgeben.

Anfang Mai 1933
Zusammenfassung von sogenannter »zersetzender Literatur« in einer gemeinsamen Liste des NS-Bibliothekars Wolfgang Herrmann und des KfdK (»Schwarze Liste 1«)

5. Mai 1933

Ausschluss von Gegnern des NS-Regimes und »Nichtariern«
aus der Preußischen Akademie der Künste

6. Mai 1933

Beginn einer landesweiten Plünderung von Leihbibliotheken
und Buchhandlungen

10. Mai 1933

Bücherverbrennung: Die auf der »Schwarzen Liste i« genann-
te Literatur wird im Rahmen propagandistischer Großver-
anstaltungen in zahlreichen Städten verbrannt. In Berlin ist
Erich Kästner auf dem Opernplatz Zeuge, wie seine Bücher
mit dem Ruf »Gegen Dekadenz und moralischen Verfall! Für
Zucht und Sitte in Familie und Staat! Ich übergebe der Flam-
me die Schriften von Heinrich Mann, Ernst Glaeser und Erich
Kästner!« ins Feuer geworfen werden.

16. Mai 1933

NS-Bibliothekar Herrmann veröffentlicht eine »erste amt-
liche Schwarze Liste für Preußen« mit den Namen von nunmehr 132 Autoren, deren Werke als unerwünscht gelten.

9. Juni 1933

Aus der »Preußischen Dichterakademie« wird die »Deutsche
Akademie für Dichtkunst«; in ähnlicher Weise gleichgeschal-
tet werden der P.E.N.-Club in Deutschland sowie Zeitungen,
Theater, Büchereien, Buchhandel und Verlage.

21. Juni 1933

Die letzte studentische Bücherverbrennung findet in Darm-
stadt statt. Insgesamt werden im Frühjahr 1933 deutschland-
weit über fünfzig Bücherverbrennungen veranstaltet.

4. Oktober 1933

Erlass des »Schriftleitergesetzes«, wonach jeder, der in Deutschland »an der Gestaltung des geistigen Inhalts der Zeitungen und politischen Zeitschriften durch Wort, Nachricht oder Bild« mitwirkt, auf die Treue zum NS-Staat festgelegt wird

1936

Erscheinen der »Liste 1 des schädlichen und unerwünschten Schrifttums«. Diese Liste enthält 3601 Einzeltitel- und 524 Verbote des gesamten Werks verfolgter Schriftsteller; 1940 erscheint zusätzlich eine Liste indizierter Werke »voll- oder halbjüdischer Verfasser«.

3. Oktober 1965

Eine Jugendgruppe des »Bundes Entschiedener Christen« versammelt sich in Düsseldorf am Rheinufer und verbrennt mit Genehmigung des Ordnungsamtes Bücher von Erich Kästner, Günter Grass, Vladimir Nabokov, Albert Camus und anderer Autoren.

Autorenliste
der 1933 verbrannten Bücher[*]

Asch, Nathan
Asch, Schalom
Babel, Isaak
Barbusse, Henri
Barthel, Max
Becher, Johannes R.
Beer-Hofmann, Richard
Birkenfeld, Günther
Blei, Franz
Bley, Fritz
Bobinskaja, Elena
Bogdanow, Nikolai
Bonsels, Waldemar
Braune, Rudolf
Brecht, Bertolt
Breitbach, Joseph
Brod, Max
Brück, Christa
Carr, Robert
Döblin, Alfred
Dos Passos, John
Ebermayer, Erich
Edschmid, Kasimir
Ehrenburg, Ilja
Ehrenstein, Albert

Essig, Hermann
Ewers, Hans H.
Felden, Emil
Feuchtwanger, Lion
Fink, Georg
Frank, Leonhard
Frey, Alexander Moritz
Geist, Rudolf
Gladkow, Fjodor
Glaeser, Ernst
Goll, Ivan
Gorki, Maxim
Graf, Oskar Maria
Grünberg, Karl
Hašek, Jaroslav
Hasenclever, Walter
Heine, Heinrich
Hemingway, Ernest
Hermann, Georg
Hirsch, Karl Jakob
Hirsch, Leo
Hofbauer, Josef
Hoffmann, Richard
Holitscher, Arthur
Hotopp, Albert

Ilf, Ilja
Illés, Béla
Inber, Vera
Jacob, Heinrich Eduard
Johannsen, Ernst
Kästner, Erich
Kallinikow, Josef
Katajew, Valentin
Kaus, Gina
Kellermann, Bernhard
Kerr, Alfred
Kesten, Hermann
Keun, Irmgard
Kisch, Egon Erwin
Klabund (Alfred Henschke)
Kläber, Kurt
Köppen, Edlef
Kollontai, Alexandra
Kurtzig, Heinrich
Kuzmin, Michail
Lampel, Peter Martin
Latzko, Andreas
Leidmann, Eva
Leitner, Maria
Leonow, Leonid
Lernet-Holenia, Alexander
Lewisohn, Ludwig
Libedinsky, Juri N.
Lidin, Wladimir
Liepmann, Heinz
Linck, Otto
London, Jack
Ludwig, Emil

Mann, Heinrich
Mann, Klaus
Mann, Thomas
Meyer-Eckhardt, Viktor
Meyrink, Gustav
Michael, Friedrich
Neumann, Robert
Newerow, Alexander
Ognjew, Nikolai
Olbracht, Ivan
Ottwalt, Ernst
Panfjorow, Fjodor
Pantelejew, Leonid
Petrow, Jewgeni
Pinthus, Kurt
Plivier, Theodor
Polgar, Alfred
Regler, Gustav
Remarque, Erich Maria
Renn, Ludwig
Ringelnatz, Joachim
Roth, Joseph
Rubiner, Ludwig
Rümann, Arthur
Sachs, Nelly
Sanzara, Rahel
Schaeffer, Albrecht
Schirokauer, Alfred
Schlump (Grimm, Herbert)
Schnitzler, Arthur
Schröder, Karl
Seghers, Anna
Sejfullina, Lidija

Serafimowitsch, Alexander
Sinclair, Upton
Sochaczewer, Hans
Sologub, Fjodor
Soschtschenko, Michail
Suttner, Bertha von
Tetzner, Lisa
Thomas, Adrienne
Tokunaga, Sunao
Toller, Ernst
Traven, B.
Tucholsky, Kurt
Türk, Werner

Ulitz, Arnold
Unruh, Fritz von
Vanek, Karl
Wassermann, Jakob
Wedding, Alex
Wedekind, Frank
Wegner, Armin T.
Weiskopf, F. C.
Werfel, Franz
Wöhrle, Oskar
Zuckmayer, Carl
Zweig, Arnold
Zweig, Stefan

* Diese Liste erhebt keinen Anspruch auf Vollständigkeit, sondern bildet lediglich den Kern der von den Nazis indizierten Autoren ab; nicht berücksichtigt ist außerdem, dass bei bestimmten Autoren einzelne Werke von der Verbrennung ausgenommen waren, das traf z. B. im Fall von Erich Kästner auf *Emil und die Detektive* zu.

Quellen

Kann man Bücher verbrennen? Zum Jubiläum einer Schandtat. Erstdruck: Die Neue Zeitung, Jg. 3, Nr. 37, Frankfurter Ausgabe, 9. Mai 1947.

Über das Verbrennen von Büchern. Ansprache auf der Hamburger P.E.N.-Tagung am 10. Mai 1953. Erstdruck: Süddeutsche Zeitung, 10./11. Mai 1958.

Lesestoff, Zündstoff, Brennstoff. Erstdruck: Neues von Gestern. Gesammelte Schriften für Erwachsene, Bd. 8, S. 185 – 187. Von Kästner datiert mit Oktober 1965.

Briefe in die Röhrchenstraße. Erstdruck: Die Neue Zeitung, Jg. 2, Nr. 62, 5. August 1946.

Erich Kästners Werke erscheinen im Atrium Verlag in ihrer originalen Textgestalt. Die Sprache hat sich im Lauf der Jahrzehnte gewandelt, manche Begriffe werden nicht mehr oder anders verwendet. Aus urheberrechtlichen Gründen wurde darauf verzichtet, Kästners Sprache – die eines aufgeklärten Moralisten und Satirikers – dem heutigen Sprachgebrauch anzupassen.

Erstausgabe
10. Auflage 2026
© by Atrium Verlag AG, Zürich, 2012,
und Thomas Kästner
Alle Rechte vorbehalten. Der Verlag untersagt ohne
ausdrückliche schriftliche Zustimmung die Nutzung
dieses Werkes im Sinne des § 44 b UrhG für das
Text- und Data-Mining.

Umschlag: www.b3k-design.de,
Andrea Schneider und Max Bartholl
Druck und Bindung: GGP Media GmbH, Pößneck
Printed in Germany
ISBN 978-3-85535-389-7
GPSR (General Product Safety Regulation)-Kontakt:
W1-Verlage GmbH, Dorotheenstraße 64, 22301 Hamburg,
gpsr@w1-verlage.de

www.atrium-verlag.de

Herausgegeben
von Sven Hanuschek
304 Seiten. Gebunden
22,99 € [D] / 23,60 € [A]
978-3-85535-411-5

Dieser Band versammelt haarsträubende Reise-,
aberwitzige Lügen- und tragikomische Liebes-
geschichten, die Erich Kästner zwischen den frühen
Zwanzigerjahren und der Nachkriegszeit schrieb.
Viele davon erschienen damals nur in Tageszeitun-
gen und liegen jetzt erstmals in einem Buch vor.

»Literatur, wie sie nur selten passiert.«

Der Spiegel

Herausgegeben
von Sven Hanuschek
320 Seiten. Gebunden
22,95 € [D] / 23,60 € [A]
978-3-85535-391-0

Fabian ist Erich Kästners Meisterwerk. Doch der
Roman wurde vor seinem Erscheinen verändert und
gekürzt. Jetzt liegt er zum ersten Mal so vor, wie ihn
Kästner geschrieben und gemeint hat – unter dem
Titel, den Kästner ursprünglich vorgesehen hatte:
Der Gang vor die Hunde.

ATRIUM
Der Erich Kästner Verlag